KAMIKAZE KRISTO

DICOTOMÍA
-DICHOTOMY-

TRANSLATED BY
EDNA G. PÉREZ, PILAR GONZÁLEZ
AND TAÍNA JOGLAR RUNNELS

artepoética
press

NUEVA YORK, 2017

Title: Dicotomía / Dichotomy

ISBN-10: 1-940075-53-X
ISBN-13: 978-1-940075-53-2

Design: © Ana Paola González
Cover & Image: © Jhon Aguasaco
Author's photo by: © Taína Joglar Runnels
Editor in chief: Carlos Aguasaco
E-mail: carlos@artepoetica.com
Mail: 38-38 215 Place, Bayside, NY 11361, USA.

© Dicotomía / Dichotomy 2017 Kamikaze Kristo
© English translation, 2017 Edna G. Pérez, Pilar González and Taína Joglar Runnels

© Dicotomía / Dichotomy 2017 for this edition Artepoética Press

Para Mamá y Cindy

For Mom and Cindy

A Edna G. Pérez por siempre creer en mí,
sin ti este libro no existiría.
A Juana M. Ramos y Margarita Drago
por ayudarme a encontrar mi voz.
A Carlos Aguasaco por darme la oportunidad.

To Edna G. Pérez for always believing in me,
without you this book wouldn't exist.
To Juana M. Ramos and Margarita Drago
for helping me find my voice.
To Carlos Aguasaco for the opportunity.

CONTENIDO

"Tú y yo nos amamos
como lo hacen las líneas paralelas"

"Our love, like parallel lines"

DICOTOMÍA

Dividida en dos
como ola buscando
romper en la orilla
curiosa de ser
lo que el miedo siempre ató.

Hoy estoy aquí
aguja e hilo
cosiendo mi piel
vacía
dolorosos recuerdos
dulce eternidad.

Dicotomía
narcisismo floreciendo
en un invierno negro.

DICHOTOMY

Divided in two
like a wave
crashing on the shore
curious to be
what fear holds.

Today I am here
needle and thread
stitching my skin
empty
sorrowful reminiscence
of a sweet eternity.

Dichotomy
blooming narcissism
in a black winter.

Primer acto

Sube el telón, anuncia a la actriz,
cuerpo de trapo.
Al libreto de un monólogo mal memorizado
lo acompaña una sonrisa forzada,
trata sin palabras de hacerse entender
con una mirada laberinto.
Entre dos dedos, un mechón de pelo,
medio desnuda,
bastante incompleta
sin llegarle a los tobillos
a la palabra imperfecta.

Despega los labios,
dice lo que el silencio calla,
sus mejillas se tornan moradas.

¡Giro de la muerte!
-gritó entre dientes-.
Un vacío profundo
sofocó el salón.

ACT ONE

The curtain rises announcing the actress,
useless body.
A forced smile accompanies
a poorly memorized monologue
she tries to be understood without words
through a riddled gaze.
Between two fingers, a tinted lock
half naked
incomplete
without the imperfect word
reaching her ankles.

Deep breath
whispers of a voice in silence
her cheeks turn red.

Death roll!
-she shouted between her teeth-
emptiness
suffocated the room.

CONEJOS DE ALGODÓN

El mundo no es color de rosa
ni el cielo azul celeste
las nubes no son de algodón
ni los conejos se dejan comer
quiero proponerte algo indecente
un poco atrevido y sin vergüenza
el tiempo no regresa
revolquemos el panal
hagamos temblar la vibración
con las patas de la cama
y nuestros gemidos.

COTTON RABBITS

The world is not pink
nor the sky celestial blue
the clouds are not made of cotton
nor do bunnies allow themselves to be killed
I'd like to make an indecent proposal
a bit daring and shameless
time doesn't return
let's knock down the beehive
let's shake vibrations
with the bed legs
and our lovely moans.

ESTRELLA NACIENTE

De repente mi cuerpo
recordó el tuyo ungido en mí
furia en mis adentros
un destello de placer
recorrió mis tejidos.

STARDUST

Suddenly
my body remembered
you inside
burning furiously
a glint of pleasure
traveling through every inch.

Aníat

Me mira, ojos cristalinos,
un reloj de bolsillo
cuenta los minutos.
Se quita la ropa, me mira,
desea,
esclava de sus impulsos,
una pintura abstracta.
La razón la hace escupir su verdad, veneno.
Sus ojos vacíos ya no lloran,
se esconde tras máscara de hilo
me cuenta historias que no creo.
Se ríe
se ríe molesta, no tiene alas.
Hace cuentos de libertad,
no sabe lo que dice:
yo, en el espejo.

Aníat

She looks at me with glossy eyes
a pocket watch counts the minutes
she undresses, looks at me, hopeful,
a slave to her impulses
an abstract painting.
Reason makes her spit out her truth, poison.
Her empty eyes won't cry
she hides behind a thread mask
she tells me stories I don't believe.
She laughs
she laughs annoyed, without wings
and tells stories of freedom
she doesn't know what she says.
I, in the mirror.

ADIÓS

Me embriagué de posibilidad
mi espalda recta
como la mirada fija
en la ventana del avión.

FAREWELL

Intoxicated with possibilities
my back straight
like my gaze upon
the airplane window.

Calle Luna

Se me escapa como agua
entre los dedos el sueño
de que alguna vez seas libre
y alces el machete
contra el amo
y el grito se escuche.

Amada sangre, madre.
Escucho las olas romperse a tus pies.

Estrella perfecta
entre cada adoquín
naufragas sola.

LUNA STREET

Dreams of revolution
escape through my fingers
like grains of sand.
Shout!
Be heard
raise the machete
against the master.

Beloved mother
I can hear the waves
breaking at your feet.

Perfect star
between each cobblestone
you sink alone.

FRÍA

En papel nací,
en tinta me ahogaré.
La tragedia, mi deleite.
Tú, mi decadencia.

COLD

On paper I was born,
in ink, I'll drown.
Tragedy, my delight.
You, my decline.

CELESTIAL

Parece que fue ayer
nuestro primer encuentro.
El recuerdo se revuelca,
huracán en silencio.
Sonarán las campanas
en mi ausencia.

HEAVENLY

It feels like yesterday
when we first met.
In a silent storm,
memories stir.
The bells will toll
and I'll be gone.

DONDE SE DIVIDE LA CALLE

Abrí la puerta a la herida:
se acercó el momento
alumbró la noche fría
esquivé los bordes de la cama.
Hago de ti la excusa perfecta
de mi innecesaria pena.

AT THE CROSSROADS

I opened the door to the wound:
the moment has come
lighting up the cold night
I dodged the edges of my bed
and made you the perfect excuse
of my unnecessary pity.

AUTÓNOMO

Partir sin despedida
sin mapa
despertar indiferente al recuerdo
sin tropezar con tus zapatos
ni con los sueños donde
eres protagonista.

Dejaré señales de humo
en camas ajenas.
Soy el silencio
antes de la tormenta
nieve blanca sin tocar
frío que seca tus labios.

Autonomous

I'll leave in silence
without a map
and I'll wake up indifferent
to the thoughts
of you being
the main character
I won't trip over your shoes
while sneaking out.

I'll leave smoke signals
in foreign beds.
I am the quiet
before the storm
white snow, untouched
the chill that dries your lips.

EN BLANCO Y NEGRO

Me muero
me tiro por la ventana
me prendo fuego
me hago hielo
se me enreda la lengua
me siento fea
diminuta
negra.

Tus ojos
tu cara
me gustas
no te soporto
no te conozco
creo extrañarte
sola me ahogo
en un grito blanco.

BLACK AND WHITE

I die
I jump out the window
I catch fire
I become ice
ravel my tongue
I feel hideous
tiny
black.

Your eyes
your face
I want you
I can't stand you
I don't know you
I think I miss you.
Alone, I drown
in a white howl.

KATALINA

Pantalones cortos casi invisibles
roban las miradas de los pasajeros del tren.
Todos observan sus piernas perfectas,
cada movimiento de su piel de seda.
Curiosa dibuja en su libreta a pesar del movimiento.
Un crucifijo junto a un cuarzo adornan su cuello.
Sus ojos parecen no haber dormido,
queda fija en mi presencia,
inmortalizada en mis versos
queda en mi recuerdo como un dibujo.
Se bajó en 14th St.
Se pierde en la multitud de la ciudad de Nueva York,
probablemente no la vuelva a ver.
No habrá historia que contar.

Su cara entre perversa e inocente
tocará a la puerta del sol,
y me pregunto si en el fuego de su deseo
algún destello de luz le recuerde mis ojos
clavados como espina
en cada rincón de su ser.

KATALINA

Shorts, almost invisible
stealing glances from commuters.
Everyone distracted by her perfect legs
and the motions of her silky skin.
Curiously, despite the movement
she draws in her notebook.
A crucifix with quartz adorns her neck
her eyes appear to not have slept
she remains steady in my presence
immortalized in my verses
and in my thoughts like a painting.
She got off at 14th St.
merging with the crowds of New York City
I probably won't see her again
there won't be a story to tell.

Her face, both wicked and innocent
will knock on heaven's door
and I'll ask myself if in the flames of her desire
any glimmer of light will remind her of my eyes
nailed like a thorn
on every corner of her being.

CRUDO

Memoria corta
libertad encadenada
mi pecho no aguanta
el deseo.
Absurda preferencia
a lo imposible.

RAW

Short memory
shackled liberty
my chest cannot handle
desire
absurd preference
to the impossible.

EL VERANO

Ahora que no estás,
te aprecio.
Echo de menos
el sol que pica,
los días largos
y los romances de 80 grados.

SUMMERTIME

Now that you're gone
I treasure you
I miss the heat of the sun
the long days
and those 80 degree affairs.

DESDOBLADA

Camino confuso
cordura fracasada
frágil
infeliz
la esperanza
deshecha.

UNFOLDED

Fuzzy road
failed sanity
fragile
unhappy
shattered expectations.

MATERIA

Descomponer mi materia,
hacerla aparecer cuando estés solo,
tomarte de la mano, abrazarte,
separar los átomos,
flotar, volar, dispersar mis restos
donde alguna vez nos amamos.
Descomponer mi materia,
los sentimientos agobiantes,
secar las lágrimas,
ponerlas al sol,
tenderlas en el balcón
y si algún día dejas de quererme,
desaparecer, no dejar rastro,
escapar lejos
donde no habiten los celos.

MATTER

Break down my matter
make it appear when you're alone
hold hands, embrace,
separate the atoms,
float, fly, scatter my remains
where we once made love.
Break down my matter,
the overwhelming emotions
dry the tears,
place them on the sun
hang them in the balcony
and if one day you stop loving me
I'll run away, traceless
and disappear
where jealousy doesn't dwell.

La flecha

Una flecha
en el centro de una neurona
en un nervio
en la lágrima que se asoma
un flechazo sagaz en el centro del pecho.

Flecha de hierro
oxidada
repetida
duele en el insomnio.

Hay que llorar
lejos del reloj
y de los motivos del llanto
esconderse del gozo
para calmar la sed
con gotas de limón.

THE ARROW

An arrow
in the center of a neuron
in a nerve
in a teardrop that stands out
love at first sight
wreaking my walls.

Iron arrow
rusty
recurring
hurting inside
my lonely nights.

We must cry
away from the clock
and the reason for this grief
hiding from the bliss
that quenches my thirst
with lemon drops.

GUILLERMO

Déjame susurrar a tu oído sordo
que las vibraciones se perciban
que mi mensaje sea disperso y distorsionado
pa' que lo entiendas como quieras.
Déjame gritar a tu oído sordo
secretos que no quiero que sepas
pa' que mañana no me odies.
Déjame cantarle a tu oído sordo
melodías de sirenas perversas
encantarte sin que te des cuenta
matarte de amor mientras duermes.
Déjame ser el silencio en tu oído sordo
la inmensidad de tu infinito
que mi realidad se mezcle con la tuya
y cree un matiz de sonidos inexistentes.

GUILLERMO

Let me whisper in your deaf ear
so you can perceive the vibrations
let my message be dispersed and distorted
so that you understand what you want to
let me shout at your deaf ear
secrets I don't want you to know
so you won't wake up hating me
let me play to your broken eardrum
bewitching melodies
sung by evil mermaids
let me be the silence in your deaf ear
the immensity of your infinite
let my reality join yours
and create an overtone of nonexistent sounds.

IGUAL A NUEVE

Soy picaflor
amante y amada
me enamoro al pasar del tiempo
amo al que me odia
y al que me ama en sueños.
No espero
acaricio lo que pasa
deseo cinco amantes
cuatro enamoradas.
Soy tatuaje en tu recuerdo.

EQUALS NINE

I'm a hummingbird
lover and beloved
I fall in love all the time
I love who hates me
and those who love me in their dreams
I do not wait
I caress what fades
I want five lovers
and four mistresses
a tattoo in your memory.

ESTA NOCHE ME DESPIDO

Ha sido un placer
descubrirlo,
tocar sus secretos,
pasearme como Diosa en su jardín.
Pero hasta aquí llegan
las corazas del dolor, caen.

TONIGHT I SAY GOODBYE

It's been a pleasure
crossing paths
to walk like a goddess through his garden
it ends here
the shield of pain has fallen.

LA PUTA DEL PUENTE

Puente colgante
lluvia de mayo
desnuda se recuesta en la soga
le gusta que la miren
la amen
pa' eso nació
pa' no ser de nadie
espera ver el Edén
al final del puente.

THE WHORE OF THE BRIDGE

Suspension bridge
may showers
leaning naked
against the rope
she likes to be watched
to be loved
she was born for that
she belongs to no one
hopes to see Eden
at the end of the bridge.

Hasta la musa me dejó

Se me ha escapado la musa
cuelga del palo de quenepa
la creí mía
me ha dejado sola.

EVEN THE MUSE LEFT ME

My muse has escaped
she hangs from the quenepa tree
I thought her mine
but she left me behind.

Secreto de dos puertas

Decidí borrarte de mi mente,
incinerar recuerdos,
fotografías compartidas,
tu cama móvil,
deshilé besos,
ya no recuerdo tu cara
ni la textura de tu pelo.

Un día escuché nuestra canción,
me devolvió a ti.

THE SECRET OF TWO DOORS

I decided to delete you
incinerate the memories
the pictures we shared
and your mobile bed,
I unstitched the kisses
I can't remember your face
nor the texture of your hair.

One day I heard our song
it brought me back to you.

BOTÁNICA

Películas sin romance
emoción extinta
la otra mitad es irrelevante
en estos tiempos adormecidos
el final feliz sí cuesta
de amor no vive nadie.

BOTANICA

Films without romance
extinct emotions
the other half is irrelevant
in this numb era
happy endings are difficult
one can't live on love alone.

COLOMBIANO

Acariciar tu barba
con la punta de los dedos
es el aguacero
que me despierta.

COLOMBIAN

Caressing your beard
with my fingertips
is the rainstorm
that awakens me.

COMO CIANURO

Manera sutil
de enterrar el puñal
detrás de mi sonrisa
de asesinar sin tocarme
duele más que un golpe
un cuerpo en las vías
ríos de sangre
que nadie ve
muero por este capricho.

LIKE CYANIDE

Subtle way
of burying the dagger
behind my smile
of murdering me from afar
it hurts more than a blow
a body on the tracks
rivers of blood
that no one sees
I am dying for this impulse.

TREINTA Y DOS

Treinta y dos razones para quedarme,
aplastarte por las noches,
pelearte en las mañanas,
amarte y lastimarte,
tirarte contra la pared,
hacerte el amor.
Treinta y dos minutos, horas, días,
semanas, meses, años.
¿Tendremos los días contados?
No importa.
Toca quedarme y hacerte el café de Tailandia.
Treinta y dos razones para largarme
y otras más para arrepentirme.
Treinta y dos razones para escribir este poema
con sabor a piña y sal de mar.
Treinta y dos veces pensé tu voz.
Treinta y dos razones para aburrirme,
quererte más y no compartirte.
Treinta y dos veces digo te amo.
Treinta y dos besos diarios.
Treinta y dos veces sin saber qué quiero.
Treinta y dos veces dormida esperando,
treinta y dos razones antes de dar un paso.

THIRTY-TWO

Thirty-two reasons to stay,
to crush you at night,
and argue in the mornings,
to love you and hurt you,
throw you across the room
make love to you.
Thirty-two minutes, hours, days
weeks, months, years.
Is this the end?
It doesn't matter.
I'll stay and make you Thai coffee.
Thirty-two reasons to leave
and some others to regret it.
Thirty-two reasons to write this poem
flavored with pineapple and sea salt.
Thirty-two times I thought of your voice.
Thirty-two reasons to get bored,
to never share you and love you more.
Thirty-two times I say I love you.
Thirty-two kisses a day.
Thirty-two times not knowing what I want,
thirty-two times asleep, waiting for you
thirty-two reasons before taking that step.

YLANG YLANG

Sostenidos en tu lengua
mis gritos besan paredes.
Manos que rozan secretos
orgasmos sin final
se mecen
bajan y suben
mis piernas
senderos abiertos
espíritus libres de cadenas
gemidos que prometen volver
a encontrarse con los tuyos.

YLANG YLANG

Dancing with your tongue
my screams kiss the walls
hands rubbing secrets
endless orgasms
swaying from the ceiling
they rise and fall
my legs an open trail
spirits free of chains
moans that promise to return
to yours.

EN LA LÍNEA DEL ECUADOR

Dime qué haces en la línea del ecuador.
¿Por qué te meces solo en un pentagrama invisible?
Me siento en la orilla del Caribe
olas saladas a mis pies
el viento me cuenta tus historias de manera absurda
acompaña al sol que desgarra la noche
cuenta el tiempo y espera.

Dime qué haces en la línea del ecuador
contando compases.
Cuando te fuiste se detuvo el tiempo
rodando por la cama sin tropezarme con tus brazos
tengo la nariz roja y el corazón dislocado.

Dime qué haces en la línea del ecuador.
Escuché decir que buscas un tesoro
para llevar a casa y morderme de alegría.

ON THE EQUATOR

Tell me what you are doing on the Equator
Why do you sway on an invisible pentagram?
I sit on the shores of the Caribbean
salty waves at my feet
the wind tells me your odd stories
it accompanies the sun that tears down the night
the clock is ticking... just wait.

Tell me what you are doing on the Equator
timing the beat
when you left, time stopped
I'm rolling in bed without your arms
my nose red and my heart out of place.

Tell me what you are doing on the Equator
I heard you were looking for a treasure
to bring home and bite me with excitement.

No lo sabrás

De un soy seré un fui
como el viento
me desvaneceré sutil
como un beso
me escurriré de ti con delicadeza.

Mudaré de piel
mis ojos fijos en la luna
no volverán a mirarte
seré recuerdo
sueño olvidado
olor a café.

YOU'LL NEVER KNOW

Who I am
will no longer be
like the wind
I'll caress you
and sneak out
like a delicate kiss.

I'll shed my skin
my eyes fixed on the moon
will not look at you again
I'll be a memory
a forgotten dream
the smell of coffee.

SECRETO

Guardé tu secreto
como un tesoro
hasta que me di cuenta
que no tienes corazón.

SECRET

I kept your secret
like a treasure
until I realized
you have no heart.

LABERINTO

Si te miro me pierdo
en el momento justo
para desnudar la piel que busca
el final de tu boca en la mía.

MAZE

I lose myself in your eyes
at the perfect moment
where the end of your lips
will always meet mine.

SIN VOZ

Debería vender mi voz
comprarme un par de alas.

VOICELESS

I should sell my voice
and buy a pair of wings.

Ciclo menstrual

Sí, amigo mío,
me atrevo a decir que usted
se parece a mi irregular ciclo menstrual,
aparece una vez al mes o ninguna,
causa un torrente de emociones mixtas.

Sí, amigo mío,
usted merece tal comparación,
me desbarata
de repente.
Me acostumbré a su ausencia,
reaparece cuando lo desea.

Mi cuerpo, nudo
que espera paciente
a que lo desate su mano maestra.

MENSTRUAL CYCLE

Yes, my friend,
I daresay that you
are similar to my irregular menstrual cycle,
wreaking havoc once a month
a torrent of mixed emotions.

Yes, my friend,
you deserve this comparison,
it knocks me down
suddenly,
I got used to its absence,
it reappears as it pleases.

My body is a knot
that patiently waits
for your expert hand
to undo.

BANDERA BLANCA

Karma
cabrona
hija de puta
atraviesas mi camino
sabes dónde tocarme
haces obvia la razón
de tu bofetada.

Aquí está
mi bandera blanca
mis rodillas hincadas
deja de mostrarme mis caras
deja de burlarte en mis pasillos
perturbas mis sueños
empañas mis deseos.

WHITE FLAG

Karma
you bitch
motherfucker
you know how to push my buttons
your invisible slap
is obvious.

On bended knees
here it is
my white flag
enough of this masquerade
stop mocking me in the halls
you disturb my sleep
and blur my wishes.

TERREMOTO

Húmedo
terremoto de mujer
belleza de un mundo bajo el mar
besos con sabor a flores
cuerpos desnudos
bailando juntos
luces tenues
corazones latiendo violeta.

EARTHQUAKE

Wet
a female earthquake
beauty of an undersea world
kisses that taste like flowers
our naked bodies dancing
and purple hearts beating
in dim lights.

ECLIPSE LUNAR

Mis manos en su pecho
momento mágico
robé sus latidos
fue solo un espejismo
un rompecabezas de infinitas piezas.

Se abrazó a mi sombra
a mi lado oscuro que no lleva ropa
a las palabras que derramo
trueno en mi cuerpo
el cielo me mira
me dice te quiero.

Lunar eclipse

My hands on his chest
a magical moment
I stole his heartbeat
it was just a mirage
a puzzle of infinite pieces.

He held onto my shadow
onto the dark side that wears no clothes
and the words I pour
a rumble in my body
as I look up at the sky
it tells me I love you.

SEGUNDA OPCIÓN

Afecto a mitad
recurso desesperado
salida de emergencia.
Cuando necesites que te salve
las puertas se habrán cerrado.

SECOND OPTION

Halfway affection
desperate last resort
emergency exit.
When you need me to save you
the doors will have closed.

XY

Si hubieras nacido xy
me casaría contigo
pero no sé si tu delicadeza
en tal caso sería roca.
Si fueras xy me habrías domado
con mil promesas y anillo al dedo.
Si hubieras nacido xy
un retoño brotaría de mi vientre.
Alegría en la cama de aire
tendríamos más espacio
un perro y un patio.
Si fueras xy
lloraría
deseándote cada vez más
amándonos en París.

XY

If you had been born xy
I'd marry you
but I'm unsure if your gentleness
in such case would be rough
if you were xy
a thousand promises and a ring
would tame me
if you were xy
a white picket fence
would take shape
filling the air with joy
we would have a better place
a dog and a yard
if you were xy
I'd cry my heart out
wanting you more
loving each other in Paris.

VOY A IMAGINAR QUE HAS MUERTO

Voy a imaginar que has muerto.
Tu presencia, estorbo,
parasomnia,
nudos en la mente,
burla a mi inocencia.

Voy a imaginar que has muerto,
que mis besos te envenenaron.
Tu cuerpo enterrado
en el infierno.

I'LL PRETEND YOU'RE DEAD

I'll pretend you're dead
your presence a nuisance
parasomnia
tangled in my mind
taunting my innocence.

I'll pretend you're dead
that my kisses poisoned you
and buried you in hell.

DESPUÉS DE TI

Después de ti
hubo otra historia
revolcadas
besos
nuevas lágrimas.

Después de ti
murió algo en ambos
mereces el olvido.

AFTERWARDS

After you
there was another story
affairs
kisses
and tears.

After you
something died in both of us
you deserve to be forgotten.

PROHIBIDO

Le prohíbo a mis labios
tu nombre.
Si la realidad permitiese
te regalaría
el silencio de mi cuerpo
cuando culmina
el último de sus suspiros.

FORBIDDEN

I forbid my lips
from calling out your name
and if reality allows it
I'd give you the silence of my body
on my last breath.

23:40

No tengo nombre
me difumino en la luz
dejando tu cama vacía
insensible.

Me apuñaló la pluma
fantasma
sexo
punto.

23:40

I am nameless
I fade in the light
leaving your bed empty
heartless.

The pen stabbed me
ghost
sex
period.

NUNCA

Malinterpreté tus ojos
tu abrazo.
Malinterpreté tu sonrisa
entraste a destruir mi calma
de manera sutil
abrupta.
Malinterpreté tu inocencia
hice de ti obra perfecta
tatuada en mi mente.
Hoy me despedazas
sin aviso.
Malinterpreté mi rol.
Me ahoga
este llanto que nadie escucha
y la esperanza que tuve
de alguna vez hacerte mía.

NEVER

I misunderstood your eyes
your embrace
I misunderstood your smile
you've disrupted my peace
harshly
abruptly.
I misunderstood your innocence
made of you a work of art
tattooed on my mind
today you tear me apart
without warning.
I misunderstood my place
it drowns me
this cry that no one hears
and the hope of one day
making you mine.

SOLA

Busca sueños
florecer donde sea
ser fruto
para una boca
que sepa besar
con la profundidad del cielo.

ALONE

She chases dreams
blooms anywhere
becomes the fruit
for lips that know how to kiss
with the profundity of the sky.

SIEMPRE DOS

Se busca la mitad de uno siempre en dos.
¿Dónde está la mitad de mi uno?
¿Dónde, mi amado dos?
¿Por qué no ser perfecta siendo uno?
¿Acaso la totalidad está en el dos?

ALWAYS TWO

We look for the other half
to complete us.
Where is my better half?
Where is my lovely other?
Why not be perfect as one?
Could it be that to be whole
I need to find my other?

VELA

Me derrito suavemente como una vela
mientras paso la noche en vela pensando
que algún día quise ser la vela
que tiraba de tu barca
y ahora que estás muerto quiero que sepas
que soy yo quien te vela.

CANDLE

I melt softly like a candle
as I spend the night in vigil
hoping that someday
I'd be the sail that pulls your ship
but now that you are dead, I want you to know
that it is I who mourns you.

Un poquito demasiado

Mientras lloras, sonrío.
Tu dolor llena mis espacios
más oscuros.
Piénsame hasta
que sangre tu inconsciente
y se te olviden los amores
más dulces que yo.

Sonrío al verte llorar.
Lágrimas alimentan
mi locura.
Quiéreme tanto
que pierdas el sueño
y tus noches queden vacías
en mi ausencia.

A LITTLE BIT A LOT

As you cry, I smile
your sorrow fills
my darkest places
think of me until
your unconscious bleeds
and forgets
how much sweeter
other lovers can be.

I smile when I see you cry
tears feed
my madness
love me so much
you lose sleep
and your nights become empty
in my absence.

¡Ríete!

**De todo
de la gente
de tu funeral.**

Laugh!

**At everything
at people
and your funeral.**

"En esta primera entrega, Kamikaze Kristo deja al descubierto el pathos que la impulsa a emprender este intenso peregrinaje poético. En una sintaxis depurada, por momentos cortante y fragmentaria, el yo lírico se precipita a su interior sin merced ni contemplaciones, para escrutarse y ponerse el dedo en la llaga. Es así como las pérdidas, los miedos, el dolor y los recuerdos hacen brotar cada verso y devienen en caminos continuos, otras veces bifurcados, pero siempre transitados en busca de la unidad que solo le puede ofrecer la palabra."

Juana M. Ramos

"In her first work, Kamikaze Kristo exposes the pathos that drives her to undertake this intense poetic pilgrimage. In a depurated syntax, at times sharp and fragmented, the poetic speaker rushes into its interior without mercy or contemplation to scrutinize and put its finger on the sore. This is how the losses, the fears, the pain and memories bring out each verse and become a continuous path, sometimes bifurcated, but always in search of the unity that only the word can offer."

Juana M. Ramos

www.ingramcontent.com/pod-product-compliance
Lightning Source LLC
Chambersburg PA
CBHW021241090426
42740CB00006B/639